Hannelore Süß

Hochzeit

Von der Einladung bis zum Autoschmuck

Sektflöten fürs Standesamt

(Abbildung Titelseite)

Material

- Weicher Alu-Draht, ø 2 mm
- Embossing-Karton in A4, weiß
- Embossing-Schablone: Herz
- Embossing-Schablone: Alphabet
- Embossing-Stift, dick
- Metallfolie in Silber, 0,15 mm
- Prickel-Unterlage aus Filz
- Band in transparentem Weiß, 8 mm breit, 2,60 m lang

Gestalten Sie aus der Metallfolie zwei Herzen. Arbeiten Sie dabei auf der Prickel-Unterlage. Zunächst legen Sie die Herzschablone auf die Folie. Fahren Sie den Rand des Herzens mit dem Embossing-Stift nach. Danach legen Sie die Schablone von unten um das Herz und drücken es mit dem Embossing-Stift kräftig durch. Schneiden Sie das fertig geprägte Herz mit einer Schere aus.
Stellen Sie in Embossing-Technik (Anleitung Seite 6) eine kleine Karte mit dem Namen des Brautpaares her. Achten Sie darauf, dass die Buchstaben spiegelbildlich von rechts nach links geprägt werden müssen!
Schneiden Sie das Schild mit der Büttenrandschere aus und versehen Sie es mit einem Loch. Binden Sie aus dem Band mit etwas Silberdraht eine doppelte Schleife. Legen Sie nun den Alu-Draht spiralförmig um das Glas, fädeln Sie das Schild auf und bringen Sie die Schleife gemäß der Abbildung an. Biegen Sie das Herz leicht rund und kleben Sie es mit Silikonkleber unter den Draht.

Fotos: frechverlag GmbH, 70499 Stuttgart;
Foto Blum, Rennerod (Seite 15 und Seite 21);
Fotostudio Ullrich & Co., Renningen (restliche Fotos)

Dieses Buch enthält:
1 Vorlagenbogen

Auflage: 5. 4.
Jahr: 2006 2005
Letzte Zahlen maßgebend

frechverlag GmbH, 70499 Stuttgart
ISBN 3-7724-3060-0 · Best.-Nr. 3060
Druck: frechdruck GmbH, 70499 Stuttgart

Hochzeit –

einer der wunderbarsten Tage, ein Fest, das Ihre Vorfreude weckt! Es soll Ihr bisheriges Leben krönen und etwas ganz Besonderes werden. Sie verbinden damit Träume von festlich glänzender Stimmung, stilvoller Atmosphäre, Harmonie und prickelnden Glücksgefühlen.

Meine Deko-Ideen sollen daher Ihre Kreativität anregen und Sie ermutigen, allen Details rund um die Feier – vom Polterabend bis zu den „Dankeschön"-Karten – Ihre persönliche Note zu geben. Lassen Sie Ihre Fantasie spielen und gestalten Sie die Vorschläge entsprechend Ihren eigenen Farb- und Blumenwünschen – ein sinnliches Geschenk für Sie selbst und alle Ihre Gäste! Einen besseren Start in eine gemeinsame Zukunft gibt es nicht.

Viel Schönes auf Ihrem Weg!

Ihre

Hannelore Süß

Tipps für ein wunderschönes Fest

Tipp
Eine Hochzeit wird meist lange im Voraus geplant. In dieser Zeit haben Sie Gelegenheit, nach „Schnäppchen" Ausschau zu halten, sodass Sie preiswerte Chiffon- oder Organza-Stoffe für Ihre Tischdekoration erstehen können.
In der Faschingszeit werden z. B. günstige transparente Stoffe angeboten.

PLANUNG

Sobald Sie Ihren Hochzeitstermin festgesetzt haben, können Sie die Räumlichkeiten für die Feier auswählen. Natürlich müssen Sie dabei die Anzahl der Gäste berücksichtigen, also bereits eine Gästeliste austüfteln.
Das Ambiente, in dem Ihr Festtag stattfindet, ist für die Dekoration ebenso bedeutsam wie die vorhandene Tischwäsche sowie Farbe und Form des Geschirrs. Ob Sie in einem Restaurant oder Hotel feiern und die Raum- und Tischgestaltung mit der Geschäftsleitung besprechen oder aber Ihre Feier selbst ausrichten möchten – Sie sollten sich über folgende Fragen Klarheit verschaffen:

- Wie viele Plätze werden benötigt?
- Wie groß sind die Tische und in welcher Form können sie gestellt werden?
- Wie sieht das Geschirr aus (und reicht die Menge)?
- Haben Sie genügend Tischdecken oder können Sie die erforderliche Anzahl ausleihen?
- Welche Blumen sind zu dieser Jahreszeit verfügbar?

Das Geschirr ist für die Farbe der Tischdekoration maßgebend. Der Vorteil von weißem Porzellan: Es setzt Ihren Farbwünschen keine Grenzen.
Eine wichtige Rolle bei der Gestaltung des Festes spielt Ihr Florist oder Ihre Floristin. Mit ihm/ihr sollten Sie sich rechtzeitig über die Auswahl Ihrer ‚Lieblingsblumen" beraten und die gewünschte Menge überschlagen. Eine Blüte ist jahreszeitlich bedingt und nicht immer erhältlich, zumindest ist sie außerhalb der Saison sehr teuer. Lassen Sie den Blumenschmuck, mit dem Sie liebäugeln, dann einfach mit anderen Blüten in der von Ihnen bevorzugten Farbkombination zusammenstellen.
8 bis 12 Wochen vor der Trauung sollten Sie die Einladungen an Ihre Gäste verschicken. Eine sehr individuelle Geste ist es, wenn Sie die Karten selbst gestalten.

EINKAUF DES MATERIALS

Die Utensilien erhalten Sie hauptsächlich im Bastel- und Schreibwarenfachhandel. Damit alles farblich harmoniert, sollten Sie Kerzen, Servietten, Bänder und Papiere zusammen aussuchen oder Farbmuster und eventuell ein Geschirrteil zum „Shopping" mitnehmen.

ARBEITSMATERIALIEN UND WERKZEUGE

Die folgenden Materialien und Werkzeuge sind nützlich, wenn Sie Modelle dieses Buches nacharbeiten möchten:

- Weicher Bleistift, 4B
- Filz-, Tusche-, Gold- oder Silberstift
- Metall-Lineal
- Transparentpapier
- Gartenschere
- Haushaltsschere
- Silhouettenschere
- Wellenschere
- Büttenrandschere
- Seitenschneider/Zange
- Rundzange
- Lochzange
- Küchenmesser
- Cutter
- Schneideunterlage
- Klebestift
- Bastelkleber
- Silikonkleber
- Serviettenkleber
- Heißklebepistole
- Klebeband
- Doppelseitiges Klebeband
- Abstandsklebeband/ Klebepads, 2 mm dick
- Silberdraht, ø 0,25 mm und ø 0,4 mm
- Myrtendraht in Braun
- Myrtendraht in Grün
- Aquarellpinsel
- Weicher Flachpinsel
- Bügeleisen
- Leuchtkasten für Embossing
- Embossing-Stift
- Tonkarton, 300 g/m², 50 cm x 70 cm

Weitere Materialangaben finden Sie bei den einzelnen Modellen.

HERSTELLUNG DER KARTEN

Die Motive der Papierarbeiten finden Sie in Originalgröße auf dem Vorlagenbogen; die Maße werden in den Arbeitsanleitungen angegeben.

Stellen Sie von den gewünschten Motiven **Schablonen** her, das erleichtert Ihnen das Basteln von Karten in größeren Mengen: Zunächst übertragen Sie den Umriss auf Transparentpapier, kleben ihn auf Karton und schneiden das Motiv akkurat aus. Nun legen Sie diese Schablone auf das gewählte Papier (Maulbeerpapier, Tonkarton etc.) und umfahren sie mit einem senkrecht gehaltenen Bleistift.

Schneiden Sie die Motivteile am besten mit einem Cutter (auf einer geeigneten Schneideunterlage) oder mit einer Silhouettenschere aus. Fügen Sie die einzelnen Zuschnitte gemäß der Anleitung und Abbildung zusammen.

Als **Klebstoffe** eignen sich Klebestifte und weißer Bastelkleber.

Zum **Beschriften** verwenden Sie gute, möglichst wasserfeste Filz-, Tusche-, Gold- oder Silberstifte.

Schreiben Sie Ihre Einladungstexte von Hand, mit der Schreibmaschine oder dem Computer auf farblich passendes Einlagepapier.

Bestreichen Sie die gefalteten Einlageblätter am Falz mit ein paar Tupfen Klebstoff und montieren Sie sie in den fertig gebastelten Karten.

Möchten Sie lieber auf Kleber verzichten, können Sie ein großzügig bemessenes, dekoratives Band um den gesamten Falz schlingen, verknoten und damit das Einlageblatt fixieren.

Tipp

Um die Karten zu falten, ritzen Sie den Karton von außen entlang der Falzlinie mit einem spitzen Messer und einem Lineal vorsichtig ein.

PAPIER REISSEN

Reizvolle Effekte weist Naturpapier auf, wenn es gerissen wird. Dazu ritzen Sie das Naturpapier auf der Rückseite mit dem Cutter vorsichtig ein und feuchten diese Stellen gut an. Ziehen Sie jetzt das Papier auseinander.

Achtung: Die Faserlänge des Papierrands hängt von der Breite des befeuchteten Streifens ab. Sie sollten das Papier erst nach dem Trocknen weiterverarbeiten.

SERVIETTENTECHNIK

Servietten-Deko liegt voll im Trend. Dank ihrer Vielseitigkeit bietet sie sich an, um Einladungs-, Menü- und Dankeskarten zu gestalten. Schneiden Sie das gewünschte Serviettenmotiv großflächig aus. Lösen Sie dann die oberste, bedruckte Schicht behutsam von den übrigen Lagen. Fixieren Sie das Motiv auf einem Universalkarton, indem Sie den Serviettenkleber vorsichtig mit einem weichen Pinsel von innen nach außen streichen. Schneiden Sie die getrockneten Serviettenbilder exakt aus.

Für die 3-D-Technik verarbeiten Sie die auf Karton aufgebrachten Motive, indem Sie sie mit Abstandsklebeband in Schichten übereinander kleben.

EMBOSSING

Um die Konturen und feinen Linien der Schablonen zu erkennen, benötigen Sie Gegenlicht. Ideal ist eine Arbeitsplatte mit milchigem Plexiglas, die von unten beleuchtet werden kann, oder ein Embossing-Leuchtkasten. Sie können die Karte auch gegen ein Fenster halten; allerdings wird diese Variante mit der Zeit anstrengend. Befestigen Sie die Schablone mit Klebeband auf der Arbeitsplatte und legen Sie das Kartonstück mit der Vorderseite nach unten darauf. Geben Sie Acht, dass der Karton während des Prägens nicht verrutscht. Fahren Sie mit dem Prägestift die Linien entlang, dadurch wird das Papier durch die Schablone gedrückt und die Linien und Flächen erscheinen als Relief. Das Motiv kann z. B. mit Aquarellstiften koloriert werden.

STEMPELTECHNIK

Im Handel wird eine Vielzahl von Stempeln mit unterschiedlichen Motiven und Schriftzügen angeboten. Für die Gestaltung von Karten, die in größeren Auflagen von Hand gefertigt werden, bieten sich diese Stempel geradezu an.

Zum Stempeln sollten Sie ein Bügeleisen, ein Stempelkissen und Embossing-Pulver, beides nach Wunsch farblos oder farbig, parat haben. Stellen Sie das Bügeleisen mit der Bügelfläche nach oben auf (am besten fixieren Sie es von beiden Seiten mit einem Stapel Bücher), wählen Sie eine Temperatur zwischen „Baumwolle" und „Wolle". Benetzen Sie den Stempel gründlich mit der Stempelfarbe und drücken Sie das Motiv auf die gewünschte Stelle. Bestreuen Sie die feuchte (!) Farbe intensiv mit dem Embossing-Pulver; das überschüssige Pulver schütten Sie zurück in die Dose. Pulverreste um das Stempelmotiv entfernen Sie sacht mit einem feinen Pinsel. Legen Sie die Karte mit dem Pulver nach oben auf die Bügeleisensohle; die Wärme lässt das Embossing-Pulver schmelzen.

Tipp
Das aufgeschmolzene Stempelmotiv soll eine glänzende Oberfläche haben. Ist dies nicht der Fall, reduzieren Sie bitte die Temperatur des Bügeleisens.

SHADOW-PAINTING (SCHATTENMALEREI)

Shadow-Painting ist eine Kombination aus Seidenmalerei, Batik und Aquarell. Arbeiten Sie mit dem Embossing-Lichtkasten oder mit einem Glastisch, den Sie von unten beleuchten. Legen Sie die Vorlage auf das Glas, darüber das Shadow-Painting-Papier. Fixieren Sie beides mit Klebeband. Ziehen Sie die Linien mit dem Shadow-Liner nach. Nach dem Trocknen der Linien werden die dünnflüssigen Farben, die nach Belieben gemischt und mit Wasser verdünnt werden können, mit einem guten Aquarellpinsel aufgetragen. Malen Sie stets von hell nach dunkel. Sie können nass in nass arbeiten oder die einzelnen Farben antrocknen lassen. Sobald das Motiv trocken ist, reiben Sie den Shadow-Liner vorsichtig mit dem Finger ab.

SCHLEIFEN BINDEN

Einfache und doppelte Schleifen

Halten Sie mit Daumen und Zeigefinger das Schleifenband in der Mitte. Legen Sie erst von links, dann von rechts eine Schlaufe auf die Mitte (ähnelt einer Brezel). Achten Sie darauf, dass die Schleifen nicht zu groß werden. Über diese Mitte binden Sie Silber- oder Myrtendraht, der auf der Rückseite fest zusammengedreht wird. Für die doppelte Schleife bereiten Sie ein zweites Band mit Draht vor, drapieren die Schleifen aufeinander und verzwirbeln die Drähte auf der Rückseite miteinander.

Mehrfachschleifen

Die Bandlänge, die Sie für eine Mehrfachschleife brauchen, hängt von der Anzahl und Größe der Schlaufen ab. Fassen Sie das Band mit der linken Hand in einigem Abstand zum Bandanfang und legen Sie mit der rechten Hand eine Schlaufe in die linke Hand. Die nächste Schlaufe von rechts zur Mitte legen. Arbeiten Sie weiter in diesem System, bis Sie die gewünschte Schlaufenanzahl erreicht haben, und lassen Sie den Rest des Bandes nach unten hängen. Nun verdrahten Sie die Schleife.

Fröhlich-rustikaler Polterabend

Beim Polterabend wird häufig auf eine formelle Einladung verzichtet oder er wird zugleich mit dem Hochzeitstermin angekündigt. Auch Gäste, die überraschend auftauchen, sind willkommen. Im Sommer ist eine Party im Garten oder in einer Grillhütte beliebt; auch Vereinsheime oder Clubhäuser eignen sich für dieses Fest. Die Dekoration für den Abend sollte nicht sehr aufwändig, aber pfiffig sein und Gemütlichkeit ausstrahlen.

Material

- Sonnenblumen oder andere Blüten aus dem eigenen Garten oder vom Floristen
- Efeu
- Blattgrün, je nach Saison
- Grüne Brombeeren oder andere Früchte
- Tontöpfe, ø 13 cm, 11 cm, 9 cm und 4,5 cm
- Juteband in Naturfarbe, 7 cm breit
- Power-Papier Crazy Ribbon in Naturfarbe, 10 cm breit (Gitterband)
- Teelichter, farblich passend zu den Blüten
- Grober Sand, farblich passend
- Frischblumen-Steckziegel
- Alufolie
- Rattangestrüpp

Tipp

Diese Dekoration kann wahlweise mit Frühlingsblumen und farblich darauf abgestimmtem Kies oder mit Zitronen und gelbem Juteband variiert werden. Im Herbst passen Kastanien, kleine Kürbisse und buntes Laub. Zu jeder Jahreszeit eignen sich Süßigkeiten, wie z. B. große Gummibärchen.

TISCHDEKORATION

Drapieren Sie zwei Streifen Juteband auf dem Tisch. Darauf legen Sie das Power-Papier. Knicken Sie das Material an verschiedenen Stellen und bauen Sie ab und zu einen Looping ein. In diesen Looping schieben Sie seitlich einen mit etwas Sand gefüllten 13er-Tontopf, in dem Sie ein Teelicht platzieren.
Für die Blumendekoration kleiden Sie den 11er-Tontopf mit Alufolie aus und bestücken ihn mit gewässertem Steckschaum. Formen Sie Rattangestrüpp zu einem Kränzchen, mit dem Sie den Rand des Tontopfs bedecken; Sie können auch Knöterichranken, Efeu oder Ähnliches aus dem eigenen Garten verwenden. Krönen Sie den Topf mit einer kurz geschnittenen Sonnenblume.
Schmücken Sie den Tisch mit den kleineren Töpfen, mit Tonscherben und Efeu.

Herzen – rot wie die Liebe

(Beschreibung Seite 12 und 14)

Herzen – rot wie die Liebe

HOCHZEITSTAFEL IN WEINROT, WEISS UND GRÜN

(Abbildung Seite 10/11)

Wässern Sie zuerst gründlich die Frischblumen-Steckmasse. Schneiden Sie sie passend zu: In der Höhe sollte sie etwas über die Metallschalen hinausragen. Verdecken Sie die Masse mit Blattgrün. Danach schneiden Sie die Stiele der Hortensienblüten kurz an und stecken sie ein. Verzieren Sie das Gesteck mit Gräsern und Brombeeren. Rollen Sie die Servietten ein und binden Sie ein je 70 cm langes Chiffon-Band darum. Einzelne Blütenblätter der Hortensien, über die Hochzeitstafel gestreut, lockern das Ganze verspielt auf.

Material

- Hortensien
- Grüne Brombeeren
- Ziergras
- Blattgrün, je nach Saison
- Crinkle-Chiffon in Weinrot
- Steckschalen aus Metall
- Frischblumen-Steckmasse
- Chiffon-Band in Weinrot
- Kerzenleuchter aus Glas
- Spitzkerzen in Weiß

Vorlagenbogen B

KARTEN MIT WEINROTEN HERZEN

MENÜKARTE

(Abbildung Seite 10/11, Material Seite 14)

Falzen Sie den Embossing-Karton in der Mitte. Bestempeln Sie die Karte gemäß der Anleitung (Seite 6/7). Schneiden Sie anhand des Vorlagenbogens das große Herz aus Maulbeerpapier und die kleinen Herzen aus gestreiftem Transparentpapier zu.
Benutzen Sie den Vorlagenbogen auch zum Biegen des Drahtornamentes. Der Alu-Draht muss ca. 37 cm lang zugeschnitten werden. Fädeln Sie die Herzen auf den Alu-Draht und kleben Sie alles gemäß der Abbildung auf.

TISCHKÄRTCHEN

(Abbildung Seite 10/11, Material Seite 14)

Schneiden Sie mithilfe des Vorlagenbogens ein kleines Herz aus dem weinroten Maulbeerpapier. Nun formen Sie aus einem 22 cm langen Alu-Drahtstück ein Ornament mit Doppelspirale, fädeln das Herz auf und kleben alles auf das Tischkärtchen.

Danke
Einladung
zur Hochzeit

Material

- Klappkarten in B6 (aufgeklappt 24 cm x 16,9 cm), weinrot
- Tischkärtchen, 10 cm x 10 cm, weiß
- Embossing-Karton in A4, weiß
- Maulbeerpapier, weinrot
- Transparentpapier, weiß gestreift
- Alu-Draht, ø 2 mm
- Stempel: Menü, Danke, Einladung zur Hochzeit
- Stempelkissen, farblos
- Embossing-Pulver, weinrot

Vorlagenbogen B

EINLADUNGSKARTE

(Abbildung Seite 13)

Kleben Sie auf die weinrote B6-Doppelkarte ein 15,9 cm x 11 cm großes Stück Embossing-Karton. Bringen Sie vor dem Aufkleben den Einladungsstempel an. Der Draht für das Ornament ist ca. 32 cm lang. Orientieren Sie sich nun an den Hinweisen für die Gestaltung der Menükarte (Seite 12) und an der Abbildung.

DANKESCHÖN-KARTE

(Abbildung Seite 13)

Schneiden Sie den Embossing-Karton in zwei Teile (DIN A5) und falzen Sie die Hälften mittig. Den Alu-Draht sollten Sie wie bei der Einladungskarte ca. 32 cm lang zuschneiden, jedoch geschwungener biegen (siehe Vorlagenbogen). Arbeiten Sie wie bei der Menükarte beschrieben.

Schmuck für die Kirchenbank oder das Auto

Falten Sie einen Faserseiden-Zuschnitt von 25 cm x 35 cm entlang der langen Seite ca. 5 cm nach innen um. Knautschen Sie das Papier und wickeln Sie es um die Orchideenvase, indem Sie die gefalzte Seite nach oben und innen nehmen. Binden Sie das Papier mit je 15 cm langer Gimpe an Kopf und Fuß der Vase fest.

Formen Sie aus dem schmaleren transparenten Band (1,80 m) eine doppelte, aus der Kordel (1 m) eine einfache Schleife. Nun legen Sie beide Schleifen aufeinander und fixieren sie mit 15 cm Gimpe an dem ummantelten Röhrchen, das Sie außerdem mit einer 70 cm langen Perlenschnur verzieren.

Sie wählen
die Idee als
Dekoration für die
kirchliche Trauung?
Dann befestigen Sie den
Blütenschmuck mit einem
80 cm langen weißen transparenten Band an der Kirchenbank.
Gefällt Ihnen das Gebinde als Autodekoration, bringen Sie mit 15 cm Gimpe einen Saugnapf an.
Zum Schluss fächern Sie die Faserseide an den Röhrchen etwas auf und gestalten diese mit Blüten und Blättern nach Ihren Wünschen.

Material

- Rosen
- Schleierkraut
- Pannicumgras
- Hypericum
- Orchideenvase mit Deckel
- Faserseide, 50 cm x 70 cm, weiß
- Perlenschnur in Weiß
- Gimpe (mit Seide umsponnener Baumwollfaden) in Weiß
- Band in transparentem Weiß, 8 mm breit
- Knotenkordel in Weiß
- Evtl. Band in transparentem Weiß, 1 cm breit, oder transparenter Saugnapf

Menü

Herzenssache – grün wie die Hoffnung

(Beschreibung Seite 18 und 20)

Herzenssache – grün wie die Hoffnung

HOCHZEITSTAFEL IN GRÜN- UND WEISSTÖNEN

(Abbildung Seite 16/17)

Schneiden Sie die Juteschnur zu; sie soll 20 cm länger sein als die gewünschte Länge der Schleierkraut-Girlande. Verknoten Sie den Anfang der Schnur, damit Ihnen das Bindematerial nicht abrutscht. Schneiden Sie Buchsbaum und Schleierkraut in ca. 7–8 cm lange Zweige. Binden Sie mit dem Myrtendraht eine Lage Buchsbaum, dann dicht darauf eine Lage Schleierkraut auf die Juteschnur und wechseln Sie fortwährend ab, bis Ihr Pflanzenschmuck die richtige Länge erreicht hat. Bedenken Sie, dass die Girlande ca. 10–12 cm breit werden soll. Am Ende der Girlande müssen Sie zwei bis drei Lagen von der Gegenseite her anbringen, damit Ihr Werk einen schönen Abschluss bekommt.

Für größere Festtafeln kreieren Sie mehrere Girlanden, mit denen Sie in regelmäßigen Abständen die Tische dekorieren. Legen Sie seitlich neben die Gebinde verschiedene Blätter der Saison, z. B. Hosta, oder Efeublätter aus dem eigenen Garten. Platzieren Sie die Kerzenständer zu beiden Seiten; Sie können mit den Kerzen auch die Lücken zwischen mehreren Girlanden füllen.

Rollen Sie die Servietten ein und binden Sie sie mit einem je 70 cm langen „Herzenssache"-Band zusammen. Verzieren Sie jede Serviette mit einem Sträußchen Buchsbaum und Schleierkraut.

Material

- Schleierkraut
- Buchsbaum
- Blattgrün, je nach Saison
- Juteschnur, ø 6 mm
- Myrtendraht in Grün
- Chiffon in Grün
- Band „Herzenssache" in Grün
- Kerzenleuchter aus Glas
- Spitzkerzen in Weiß

HERZENSSACHE
HERZENSSACHE
HERZENSSACHE

KARTEN – MOTTO „HERZENSSACHE"

MENÜKARTE

(Abbildung Seite 16/17)

Falzen Sie den Universalkarton in der Mitte. Bringen Sie das dunkelgrüne Maulbeerpapier auf die Maße 21 cm x 23,5 cm. Gestalten Sie dabei eine der beiden schmaleren Seiten des Papiers mit der Wellenschere. Falzen Sie das Maulbeerpapier von der gegenüberliegenden Seite nach 14,8 cm. Kleben Sie das Maulbeerpapier auf der Vorderseite der Doppelkarte fest. Stanzen Sie die Herzen und Blüten mit dem Motivlocher aus hell- und dunkelgrünem Maulbeerpapier und montieren Sie sie entsprechend der Abbildung auf der Karte. Stempeln Sie den Schriftzug „Menü" (Anleitung Seite 6/7). Binden Sie zum Schluss ein Meterstück des „Herzenssache"-Bands um die Karte.

TISCHKÄRTCHEN

(Abbildung Seite 16/17)

Verwenden Sie fertige cremefarbene Karten. Dann schneiden Sie aus dem hellgrünen Maulbeerpapier einen Zuschnitt von 8 cm x 4 cm, stanzen verschiedene Blüten aus und gestalten die Karte entsprechend der Abbildung.

EINLADUNGS- UND DANKESCHÖN-KARTEN

(Abbildungen Seite 18 und Seite 19)

Verwenden Sie Klappkarten in A6 oder schneiden Sie die Karten aus Karton selbst zu (21 cm x 14,8 cm) und falzen Sie den Zuschnitt in der Mitte. Die ausgestanzten Elemente, die Sie hier verarbeiten, erkennen Sie auf den Abbildungen, den Umriss für das große dunkelgrüne Herz aus Maulbeerpapier finden Sie auf dem Vorlagenbogen. Bei den Karten im Querformat kleben Sie die Enden des „Herzenssache"-Bands auf der Innenseite der Karte fest und verdecken sie mit einem Einlageblatt. Bei der Karte im Längsformat schneiden Sie den Falz in Bandbreite auf, führen das Band hindurch und befestigen es ebenfalls auf der Karteninnenseite.

Material

- Universalkarton in A4, cremefarben
- Klappkarten in A6 (aufgeklappt 21 cm x 14,8 cm), cremefarben
- Tischkärtchen, cremefarben
- Maulbeerpapier, dunkelgrün, hellgrün und cremefarben
- Motivlocher: Herz, Blüte (groß und klein), Sternblüte (groß und klein)
- Band „Herzenssache"
- Stempel: Menü
- Stempelkissen, Farbe „Green Tea"
- Embossing-Pulver, farblos

Vorlagenbogen B

Blüten-kranz fürs Blumenmädchen

Binden Sie Blüten und Buchsbaum für den Kopfschmuck des Blumenmädchens auf die Juteschnur. Orientieren Sie sich dabei an der Anleitung für die grün-weiße Tischgirlande (Seite 16–18), doch formen Sie den Kranz wesentlich dünner und beachten Sie den Kopfumfang des Kindes. Knoten Sie die Juteschnur schließlich auf der Unterseite der „Blumenkrone" zusammen.

Material
- Schleierkraut
- Buchsbaum
- Margeriten
- Juteschnur
- Myrtendraht in Grün

Material
- Buchsbaum
- Schleierkraut
- Drahtherz
- Juteschnur
- Myrtendraht in Grün
- Band in transparentem Weiß, 4 cm breit, 2,70 m lang
- Nylonfaden

Türdekoration mit Herz

Binden Sie für das Herz eine 2 m lange Girlande, und zwar in der gleichen Weise wie für die grün-weiße Tischdeko (Seite 16–18). Fixieren Sie dann die Girlande mit Draht oder Bindeband an dem Drahtherz. Dekorieren Sie das Ganze mit einer doppelt gebundenen Schleife (Anleitung Seite 7). Als Aufhängung dient ein dicker Nylonfaden.

(Beschreibung
Seite 24)

Sitzbank oder Auto – liebevoll geschmückt

(Abbildung Seite 23)

Falten Sie einen Faserseiden-Zuschnitt von 25 cm x 35 cm entlang der langen Seite ca. 5 cm nach innen um. Knautschen Sie das Papier und wickeln Sie es um die Orchideenvase, indem Sie die gefalzte Seite nach oben und innen nehmen. Binden Sie das Papier mit je 15 cm langer Gimpe an Kopf und Fuß der Vase fest. Formen Sie aus dem schmaleren transparenten Band (1,80 m) eine doppelte, aus der Kordel (1 m) eine einfache Schleife.
Nun legen Sie beide Schleifen aufeinander und fixieren sie mit 15 cm Gimpe an dem ummantelten Röhrchen, das Sie außerdem mit einer 70 cm langen Perlenschnur verzieren.
Gefällt Ihnen die Idee als Dekoration für die kirchliche Trauung, dann befestigen Sie den Blütenschmuck mit einem 80 cm langen weißen transparenten Band an der Kirchenbank.
Wollen Sie das Gebinde als Autodekoration verwenden, bringen Sie mit 15 cm Gimpe einen Saugnapf an. Zum Schluss fächern Sie die Faserseide an den Röhrchen etwas auf und gestalten diese mit Blüten und Blättern nach Ihren Wünschen.

Material

- Rosen
- Schleierkraut
- Bärengras
- Koalagras
- Blattgrün
- Orchideenvase mit Deckel
- Faserseide, 50 cm x 70 cm, weiß
- Perlenschnur in Weiß
- Gimpe (mit Seide umsponnener Baumwollfaden) in Weiß
- Band in transparentem Weiß, 8 mm breit
- Knotenkordel in Weiß
- Evtl. Band in transparentem Weiß, 1 cm breit, oder transparenter Saugnapf

Vorfahrt für zwei Glückliche

Ein schön geschmückter Wagen sollte bei der Fahrt ins Eheglück nicht fehlen. Dieses dekorative Herzpaar können Sie auf der Motorhaube anbringen. Wenn Sie per Kutsche Ihren Wonnetag beginnen, verzieren Sie die Seitenteile oder die Rückseite.

Bevor Sie das Herz mit den Blumen verzieren, wässern Sie es ausgiebig mit Schnittblumen-Frischmittel im Wasser. Schrägen Sie das Herz an den Kanten mit einem Messer ab. Verdecken Sie die untere, nicht saugfähige Steckmasse gut mit Blättern. Dann stecken Sie die anderen Blüten, kurz angeschnitten, entsprechend der Abbildung fest. Nun trocknen Sie den Boden des Herzens gründlich ab und bringen dort das doppelseitige Klebeband an. Das Klebeband sollte für Parkettböden geeignet sein. Sie können das Gesteck auch zusätzlich mit Nylonfaden befestigen.

Material

- Rosen
- Hortensien
- Allium
- Schneeball
- Blätter
- Doppelherz aus Frischblumen-Steckmasse
- Doppelseitiges, für Parkettböden geeignetes Klebeband oder Nylonfaden

Gaston

Sonnenblumen – gelb wie das strahlende Licht

(Beschreibung Seite 28 und 30)

Sonnenblumen – gelb wie das strahlende Licht

HOCHZEITSTAFEL IN SONNIGEM GELB

(Abbildung Seite 26/27)

Material

- Sonnenblumen
- Bärengras
- Galaxblätter
- Lederfarn
- Blattgrün
- Kleine Birken- oder Weidenzweige
- Myrtendraht in Braun
- Kleine Glasgefäße, z. B. Marmeladengläser
- Kerzenleuchter aus Glas
- Spitzkerzen in Weiß

Vorlagenbogen A

Im Herbst oder Frühjahr werden an den Straßenrändern Birken, Weiden oder anderes Gehölz geschnitten, sodass Sie dünne Zweige sammeln können. Falls Sie in der Natur oder im eigenen Garten nicht fündig werden, kaufen Sie Weidenbündel in Gärtnereien oder Bastelgeschäften.

Tipp
Die Sonnenblumen bleiben länger schön, wenn Sie die Stiele nach dem Anschnitt für einen Moment in kochendes Wasser tauchen.

Für die Manschetten der Glasgefäße schneiden Sie die Zweige in ca. 12 cm lange Stücke. Knicken Sie zwei je 1,20 m lange Myrtendrähte in der Mitte. Legen Sie nun die beiden Doppeldrähte in einem Abstand von 6 cm parallel nebeneinander. Nun stecken Sie einen Zweig in die Knickstellen der Drähte, die Sie zweimal hinter dem Zweig verdrehen. Verfahren Sie ebenso mit den restlichen Zweigen, bis die Manschette die passende Länge für Ihr Gefäß erreicht hat. Schließen Sie die Manschette zu einem Kreis und stellen Sie das Gefäß hinein. Kürzen Sie die Sonnenblumen so, dass die Blüten auf der Manschette Halt finden. Dekorieren Sie die Gläser zusätzlich mit Blättern und Bärengras.

Die Serviettenringe stellen Sie nach derselben Methode her, allerdings verwenden Sie dafür kürzere (4-5 cm lange) Zweige und kleinere Blüten, die erst kurz vor Festbeginn hinzugefügt werden.

wir heiraten
Danke

SONNENBLUMEN-KARTEN

MENÜ-KARTE

(Abbildung Seite 26/27)

Das Shadow-Painting-Papier mittig falzen und stempeln. Die Sonnenblume malen Sie mithilfe des Vorlagenbogens auf ein separates Shadow-Painting-Papier und schneiden sie mit einem weißen Rand aus.
(Eine detaillierte Beschreibung der Technik finden Sie auf Seite 7.)
Auf die Rückseite des Maulbeerpapiers zeichnen Sie ein Rechteck von 7 cm x 19,5 cm und trennen es in der Papier-Reißtechnik heraus (Anleitung Seite 6).
Das Maulbeerpapier und die Sonnenblume kleben Sie auf die Faltkarte.

TISCHKÄRTCHEN

(Abbildung Seite 26/27)

Falzen Sie das Kärtchen (9 cm x 10,5 cm) in der Mitte, und zwar entlang der Längsseite. Die Blume malen Sie anhand des Vorlagenbogens separat in der Shadow-Painting-Technik und schneiden sie aus. Das Maulbeerpapier schneiden Sie im Format 9 cm x 3,5 cm mit der Wellenschere zu. Kleben Sie nun die Elemente auf das Kärtchen und beschriften Sie es.

EINLADUNGSKARTE

(Abbildung Seite 29)

Verfahren Sie wie bei der Menükarte, verwenden Sie jedoch einen Zuschnitt von 24 cm x 17 cm, den Sie mittig falzen. Das Maulbeerpapier bereiten Sie im Format 7 cm x 17 cm vor – es wird jedoch, anders als bei der Menükarte, an drei Seiten exakt zugeschnitten und nur an einer Seite gerissen (Anleitung Seite 6).

DANKESCHÖN-KARTE

(Abbildung Seite 29)

Schneiden Sie das DIN-A4-Papier in der Mitte durch. Nun falzen Sie es mittig und bemalen es mit dem Sonnenblumenmotiv (siehe Vorlagenbogen) in der Shadow-Painting-Technik. Zum Schluss stempeln Sie „Danke" auf die Karte (Anleitung Seite 6/7).

Material

- Shadow-Painting-Papier in A4
- Shadow-Painting-Farbe in Gelb, Orange, Rot, Braun, Grün und Hellgrün
- Shadow-Painting-Liner
- Maulbeerpapier, gelb
- Stempel: Wir heiraten, Menü, Danke
- Stempelkissen, gelb
- Embossing-Pulver, farblos

Vorlagenbogen A

Licht auf dem Weg

Diese edlen Leuchter können den Eingangsbereich oder den Festraum zieren oder als Spalier für das Brautpaar und die Gäste dienen.

Binden Sie aus dem Organzaband und der Kordel jeweils eine doppelte, aus dem Webband eine einfache Schleife. Legen Sie die drei Schleifen übereinander und verdrehen Sie die Bindedrähte auf der Rückseite (Anleitung Seite 7).
Befestigen Sie die Bänder mit Draht an der kleinen Orchideenvase, die Sie nun mit den Blumen ausgestalten, und dekorieren Sie den Leuchterständer.

Sie können diese Deko auch mit künstlichen Blüten nacharbeiten.

Material

- Rosen
- Schleierkraut
- Lederfarn
- Buchsbaum
- Leuchter, 1 m hoch
- Windlichtgläser, 24 cm hoch
- Orchideenvasen mit Deckel
- Myrtendraht in Grün
- Organzaband in Weiß, 25 mm breit, je 3,70 m lang
- Webband „Romanze" in Weiß, 15 mm breit, je 3,60 m lang
- Kordel in Weiß, je 3,60 m lang

Rosenhochzeit

(Beschreibung Seite 34 und 36)

Rosenhochzeit

Material

- Rosen mit großer Blüte
- Efeu
- Plattenmoos
- Styropor-kugeln, ø 15, 12, 8 und 6 cm
- Myrten- oder Silberdraht
- Glasperlen-Stränge
- Frischblumen-Steckkugeln, ø 12 cm, oder Frischblumen-Steckziegel
- Kerzenleuchter aus Glas
- Spitzkerzen in Apricot

Vorlagenbogen A

ROMANTISCHE HOCHZEITSTAFEL IN ROSA

(Abbildung Seite 32/33)

Die Rose gilt als Königin unter den Blumen und als ein Symbol der Liebe. Kein Wunder, dass sie bei vielen Hochzeiten eine Rolle spielt.

Diese Dekoration hat den Vorteil, dass Sie die Mooskugeln lange vor Ihrem Fest vorbereiten können. Sammeln Sie das Moos bitte nicht in der Natur – es steht unter Naturschutz –, sondern kaufen Sie es im Fachhandel!

Bedecken Sie die Styroporkugeln mit Plattenmoos und fixieren Sie es mit Myrten- oder Silberdraht. Verzieren Sie dann die Kugeln mit den je 2 m langen Glasperlen-Strängen. Frischblumen-Steckkugeln sind leider schwer erhältlich; Sie können aber aus Steckziegeln jeweils einen Würfel mit abgeschrägten Kanten zurechtschneiden, der den gleichen Zweck erfüllt. Bevor Sie eine Rosenkugel gestalten, wässern Sie zunächst die Steckkugel. Die Rosen bleiben länger frisch, wenn Sie ein Schnittblumen-Frischmittel ins Wasser geben. Schneiden Sie die Rosen kurz an, bestecken Sie die Kugel dicht mit den Blüten. Für eine Kugel mit 12 cm Durchmesser brauchen Sie ca. 40 Rosen.

Für größere Festtafeln ziehen Sie die Dekoration ruhig weit auseinander, gruppieren Sie aber immer mehrere Kugeln und verbinden Sie diese „Blumen- und Mooskugel-Inseln" mit Efeu, Rosenblättern oder Ähnlichem.

KARTEN MIT LIEBESTAUBEN UND HERZEN

MENÜKARTE

(Abbildung Seite 32/33, Material Seite 36)

Falzen Sie den Universalkarton in der Mitte. Bereiten Sie das Herz vor, indem Sie es entsprechend der Vorlage aus Maulbeerpapier reißen (Anleitung Seite 6). Stellen Sie aus Tonkarton nach Vorlage eine Taube mit Flügel und eine ohne Flügel her. Verwenden Sie diese Tauben als Schablonen. Legen Sie erst die Schablonen und dann den Universalkarton mit der Vorderseite nach unten auf den Lichtkasten und umfahren Sie die Tauben

wir heiraten

mit einem dicken Embossing-Stift. Schneiden Sie die Tauben an den Stiftlinien aus und montieren Sie die Vögel mit Abstandsklebeband. Arbeiten Sie ein spiegelverkehrtes Paar. Stanzen Sie aus dem apricotfarbenen Embossing-Karton kleine Herzen aus und fädeln Sie diese auf einen ca. 10 cm langen Draht. Befestigen Sie den Draht am Abstandsklebeband zwischen den Tauben. Nun fehlt nur noch der Menü-Stempel (Anleitung Seite 6/7) – und das Einlageblatt mit der Speisenfolge.

TISCHKÄRTCHEN

(Abbildung Seite 32/33)

Orientieren Sie sich an den Hinweisen für die Menükarte. Montieren Sie auf die Tischkarte (Universalkarton, 10 cm x 10 cm) einen Maulbeerpapier-Zuschnitt von 10 cm x 3 cm – wobei eine Seite gerissen und drei Seiten geschnitten werden – und eine Taube mit zwei Herzen.

Material

- Universalkarton in A4, cremefarben
- Tonkartonrest, weiß
- Embossingkarton in A4, weiß
- Maulbeerpapier, cremefarben
- Tonkarton, apricot
- Klappkarten in A6, weiß
- Silberdraht, ø 0,25 mm
- Motivlocher: Herz
- Stempelkissen, Farbe „Smoke Blue"
- Stempel: Wir heiraten, Menü
- Embossing-Pulver, weiß
- Band in transparentem Weiß, 8 mm breit

Vorlagenbogen A

EINLADUNGSKARTE

(Abbildung Seite 35)

Zeichnen Sie den Zuschnitt von 14,8 cm x 17 cm auf Maulbeerpapier, schneiden Sie die beiden längeren und eine der kürzeren Seiten und reißen Sie die vierte Seite. Falzen Sie das Maulbeerpapier von der glatten Schmalseite nach 10,5 cm und kleben Sie es an der Vorderseite der Doppelkarte fest. Vervollständigen Sie die Karte entsprechend der Anleitung für die Menükarte und gemäß der Abbildung.

DANKESCHÖN-KARTE

(Abbildung Seite 35)

Zunächst schneiden Sie den Universalkarton auf 29,7 cm x 10,5 cm zu. Dann falzen Sie die Karte von beiden Schmalseiten zur Mitte hin. Gestalten Sie die Karte mit einem gerissenen und in der Mitte geteilten Herz aus Maulbeerpapier (siehe Vorlagenbogen) und einer Taube mit zwei Herzen (siehe Anleitung Menükarte). Stanzen Sie mit der Lochzange zwei Löcher, binden Sie die Karte mit einem 35 cm langen Band zu.
Als schöne Geste werden es Ihre Gäste und Gratulanten empfinden, wenn Sie auf der Innenseite der Karte eines Ihrer Hochzeitsfotos befestigen und auf die Klappen Ihren Dankestext schreiben.

Ehrenplätze fürs Brautpaar

Knüpfen Sie in den Anfang der 70 cm langen Juteschnur einen Knoten. Binden Sie mit Myrtendraht abwechselnd Buchsbaum, Schleierkraut und Hortensienblüten auf die Schnur, bis das Gebinde ca. 65 cm lang ist. Schließen Sie wieder mit einem Knoten ab, biegen Sie das Ende der Girlande ca. 5 cm nach innen und fixieren Sie es mit etwas Myrtendraht.
Befestigen Sie die Girlanden mit Sicherheitsnadeln an den Stuhlhussen oder Polstern der Stuhllehnen.
Binden Sie vier doppelte Schleifen aus je 1,80 m langem, blauem Band und befestigen Sie diese seitlich neben den Girlanden.

Material

- Buchsbaum
- Schleierkraut
- Hortensienblüten
- Juteschnur, ø 6 mm, 1,40 m lang
- Myrtendraht in Grün
- Sicherheitsnadeln
- Schleifenband in Blau, 4 cm breit, 7,20 m lang

Im siebten Himmel ...

(Beschreibung Seite 40 und 42)

Menü

Im siebten Himmel ...

HOCHZEITSTAFEL – BLAU WIE DIE TREUE

(Abbildung Seite 38/39)

Stellen Sie die kurz geschnittenen Hortensienblüten in die Gefäße und schmücken Sie sie mit Bärengras, Blättern und evtl. etwas Efeu aus.

Fädeln Sie die mit dem Motivlocher ausgestanzten Herzen auf das Bärengras, das Sie verspielt über die Tafel ranken lassen.

Für dieses Arrangement eignen sich alle üppigen Blütenformen wie Pfingstrosen, Rhododendren, große Freilandrosen usw. Arrangieren Sie Stoff, Blütengefäße und Accessoires, wie auf der Abbildung zu sehen.

Material

- Hortensienblüten
- Bärengras
- Blätter, je nach Angebot
- Chiffon oder Organza in Blau
- Glasgefäße in Blau, verschiedene Größen
- Votivgläser in Blau
- Votivkerzen in Weiß
- Kleine Steine in Blau
- Motivlocher: Herz
- Maulbeerpapier, hellblau, dunkelblau und weiß

KARTEN IN HIMMLISCHEM BLAU

MENÜKARTE

(Abbildung Seite 38/39, Material Seite 42)

Zunächst schneiden Sie für die Menükarte das komplette Serviettenmotiv (das Motiv mit den Sektkelchen einschließlich den Herzen) und zusätzlich noch einmal das Doppelherz großzügig aus. Kleben Sie die Teile auf den großen Universalkarton (Anleitung Serviettentechnik, Seite 6) und schneiden Sie sie aus. Montieren Sie die Motivteile entsprechend der Abbildung mit Abstandsklebeband aufeinander, kleben Sie das Ensemble auf dunkelblaues Maulbeerpapier und schneiden Sie es rundum im Abstand von ca. 5 mm mit der Büttenrandschere aus.

Falzen Sie nun den DIN-A4-Karton zu einer Doppelkarte und bekleben Sie sie mit hellblauem Maulbeerpapier im Format 14 cm x 20 cm.

Bevor Sie das Serviettenmotiv-Arrangement fixieren, stempeln Sie den Menü-Stempel (Anleitung Seite 6/7).

Einladung

Material

- Universalkarton in A4, weiß
- Universalkarton, 50 cm x 70 cm, weiß
- Maulbeerpapier, hellblau und dunkelblau
- Servietten: Motiv „Wedding"
- Silikonkleber
- Serviettenkleber
- Abstandsklebeband, 2 mm dick
- Stempel: Einladung, Menü
- Stempelkissen: Farbe „Smoke Blue"
- Embossing-Pulver, farblos
- Band in Blau, 4 cm breit

TISCH-, SERVIETTEN- UND DANKEKÄRTCHEN

(Abbildung Seite 38/39)

Schneiden Sie das Doppelherz und ein einfaches Herz je einmal aus. Bereiten Sie die Karten im Format 10,5 cm x 14,8 cm vor und falzen Sie sie in der Mitte. Das dunkelblaue Maulbeerpapier schneiden Sie 6 cm x 9 cm zu, das hellblaue 5,2 cm x 8,2 cm. Verarbeiten Sie die Serviettenmotive und das Maulbeerpapier entsprechend der Anleitung für die Menükarte. Beschriften Sie das Tischkärtchen mit dem Namen Ihres Gastes. Blaue Bänder (70 cm lang) halten die Serviettenkarte und die Serviette zusammen.

EINLADUNGSKARTE

(Abbildung Seite 41)

Für die Einladungskarte schneiden Sie das Serviettenmotiv mit den Sektkelchen und dem Doppelherzen aus, außerdem noch einmal ein Doppelherz. Verarbeiten Sie die Motive in der Serviettentechnik und mit Abstandsklebeband (Anleitung Seite 6 und Menükarte, Seite 40). Montieren Sie das Arrangement auf dem dunkelblauen Maulbeerpapier, das als Rahmen dienen soll. Verwenden Sie eine Büttenrandschere und schneiden Sie das Ganze rundum mit Abstand aus. Halbieren Sie den DIN-A4-Karton mit Lineal und Cutter und falzen Sie ihn auf das Maß 10,5 cm x 14,8 cm. Das hellblaue Maulbeerpapier brauchen Sie im Format 9,5 cm x 13,8 cm. Vervollständigen Sie die Karte, wie bei der Menükarte beschrieben.

Fotoalbum – Gäste willkommen

Um zu dokumentieren, welche Gäste mit Ihnen gefeiert haben, können Sie die Gratulanten im Lauf des Tages in diesem geschmackvollen Album unterschreiben oder gute Wünsche notieren lassen. Ihre Fotos kleben Sie nach der Hochzeitsfeier ein.

Für das Deckblatt (auf der Abbildung ganz oben) reißen Sie aus dem dunkelblauen Maulbeerpapier ein Rechteck im Format 30 cm x 21 cm aus. Unter das Foto kleben Sie hellblaues Maulbeerpapier; es sollte auf allen Seiten ca. 4 mm überstehen und mit der Büttenrandschere zugeschnitten werden. Das große Herz finden Sie auf dem Vorlagenbogen; die kleinen Herzen werden mit den Motivlochern ausgestanzt.
Für die Auftaktseite der Gästeliste bringen Sie das Schriftstempel-Motiv auf den Universalkarton und schneiden es anschließend in der Größe 11,5 cm x 8,5 cm aus. Die Maulbeerpapiere zum Unterlegen des Stempelkartons bemessen Sie jeweils großzügiger, sodass ein hellblauer und dunkelblauer Rahmen-Effekt entsteht.
Stellen Sie das Album entsprechend der Abbildung fertig.

Material

- Scrapbook-/Foto-Album, 34 cm x 24 cm
- Maulbeerpapier, hellblau und dunkelblau
- Universalkarton in A4, cremefarben
- Verschieden große Motivlocher: Herz
- Stempel: Beim Start ...
- Stempelkissen, Farbe "Smoke Blue"
- Embossing-Pulver, farblos

Vorlagenbogen B

Jung, frisch, „trendy"

(Beschreibung Seite 46 und 48)

HOCHZEITSTAFEL IN PINK UND ORANGE MIT BLUMENLEISTE

(Abbildung Seite 44/45)

Schleifen Sie das Brett etwas an. Ermitteln Sie die exakte Mitte des Brettes und beginnen Sie dort mit der ersten von sieben Bohrungen (ø 2,1 cm, ca. 1,8 cm tief; Abstand von Lochmitte zu Lochmitte je 6 cm). Streichen Sie nun das Brett zweimal mit weißer Acrylfarbe und lassen Sie es trocknen. Stellen Sie die Reagenzgläser in die Bohrungen und führen Sie durch die Löcher in den Gläsern 2–3 Stränge pinkfarbenes Peddigrohr (Länge ca. 90 cm). Dekorieren Sie die Gläser mit den Blüten und schmücken Sie damit Ihre Tafel gemäß der Abbildung.

Material

- Verschiedene Blüten, z. B. Rosen, Gerbera, Nelken, Frauenmantel
- Chiffon oder Organza in Pink
- Dachlatten, 54 cm lang, 5,5 cm breit, 2,7 cm hoch
- Acrylmattfarbe in Weiß
- Reagenzgläser mit Lochbohrungen (oben)
- Peddigrohr in Pink (oder in Natur und mit pinkfarbener Seidenmalfarbe koloriert)
- Votivgläser, satiniert
- Votivkerzen in Weiß

Herzlichen
DANK
Einladung
zu unserer
Hochzeit

KARTEN – MUSTERMIX IN BUNT

MENÜKARTE

(Abbildung Seite 44/45)

Schneiden Sie den Embossing-Karton in 20 cm x 21 cm zu. Falzen Sie ihn von der schmaleren Seite nach 10 cm. Arbeiten Sie in der Embossing-Technik (Anleitung Seite 6): Bringen Sie auf einen Bogen Embossing-Karton kleine Motive auf. Nach dem Ausprägen der Motive zeichnen Sie auf der Rückseite um jedes Motiv ein Quadrat von 2,4 cm x 2,4 cm. Nehmen Sie eine Embossing-Schablone zu Hilfe, legen Sie diese unter die markierten Linien und umfahren Sie sie mit dem Embossing-Stift. Zum Einrahmen des kompletten Motivs wenden Sie die Schablone. Schneiden Sie die auf diese Weise entstandenen Motive im Format 3 cm x 3 cm aus. Bereiten Sie verschiedenfarbige, 3,5 cm x 3,5 cm große Quadrate aus Tonkarton vor. Kleben Sie die Embossing-Motive auf die farbigen Quadrate und kolorieren Sie sie mit den Aquarellmalstiften in der jeweiligen Untergrundfarbe. Stempeln Sie den Menü-Stempel auf (Anleitung Seite 6/7) und gestalten Sie die Karten entsprechend der Abbildung.

Material

- Embossing-Schablonen mit kleinen Motiven
- Embossing-Karton in A4, weiß
- Tonkarton, gelb, maigrün, hellrot und pink
- Aquarellmalstifte in Gelb, Hellgrün, Rot und Pink
- Stempel: Herzlichen Dank, Menü, Einladung
- Stempelkissen, kardinalrot
- Embossing-Pulver, farblos
- Bärengras
- Gimpe in Pink

NAMENSSCHILDCHEN FÜR SERVIETTE

(Abbildung Seite 44/45)

Bereiten Sie aus dem Embossing-Karton einen Streifen im Format 11 cm x 2 cm vor und lochen Sie ihn an einer Seite mit der Lochzange. Fertigen Sie ein Embossing-Kärtchen (siehe Menükarte) und kleben Sie es entsprechend der Abbildung auf. Befestigen Sie das Schild mit der ca. 60 cm langen Gimpe an einer aufgerollten Serviette. Stecken Sie zwei Bärengräser dazwischen und wickeln Sie die Gimpe spiralförmig um einen Bleistift.

EINLADUNGS- UND DANKESCHÖN-KARTE

(Abbildung Seite 47)

Schneiden Sie den Karton in der Größe 21 cm x 14,8 cm zu und falzen Sie ihn in der Mitte. Orientieren Sie sich bei den weiteren Schritten an der Anleitung für die Menükarte.